Impressum
Verlag: BABADADA GmbH, Nedderfeld 112 , 22529 Hamburg
Geschäftsführer / Verlagsleitung: Harald Hof
Druck: Books on Demand GmbH, In de Tarpen 42, 22848 Norderstedt

Imprint
Publisher: BABADADA GmbH, Nedderfeld 112 , 22529 Hamburg, Germany
Managing Director / Publishing direction: Harald Hof
Print: Books on Demand GmbH, In de Tarpen 42, 22848 Norderstedt, Germany

škola

mokykla

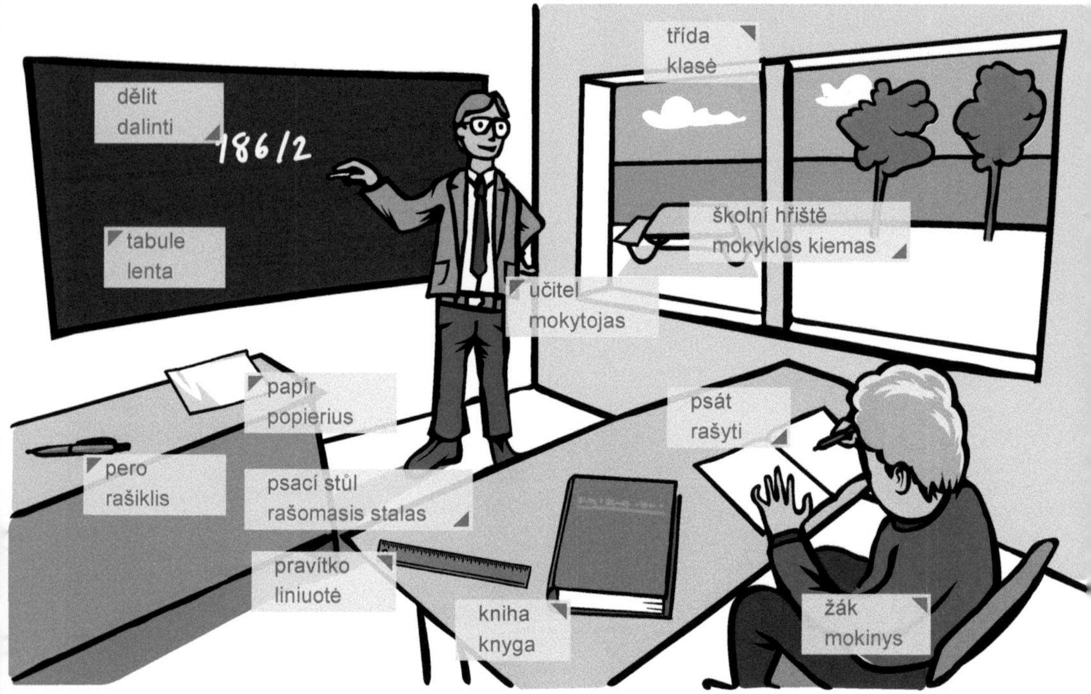

třída
klasė
dělit
dalinti
186/2
tabule
lenta
školní hřiště
mokyklos kiemas
učitel
mokytojas
papír
popierius
psát
rašyti
pero
rašiklis
psací stůl
rašomasis stalas
pravítko
liniuotė
kniha
knyga
žák
mokinys

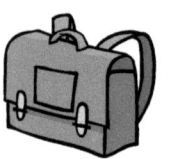

aktovka
kuprinė

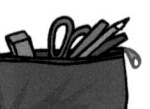

penál
penalas

tužka
pieštukas

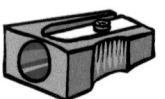

ořezávátko
drožtukas

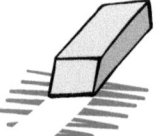

guma
trintukas

blok na kreslení
piešimo bloknotas

výkres

piešinys

štětec

teptukas

malířské potřeby

dažų dėžutė

nůžky

žirklės

lepidlo

klijai

cvičebnice

vadovėlis

domácí úkol

namų darbai

12

počet

numeris

2+2

sčítat

pridėti

5-2

odčítat

atimti

2×2

násobit

dauginti

počítat

skaičiuoti

A

písmeno

raidė

ABCDEFG HIJKLMN OPQRSTU VWXYZ

abeceda

abėcėlė

slovo

žodis

text

tekstas

číst

skaityti

křída

kreida

hodina

pamoka

třídní kniha

dienynas

zkouška

egzaminas

vysvědčení

pažymėjimas

školní uniforma

mokyklinė uniforma

vzdělání

išsilavinimas

encyklopedie

enciklopedija

univerzita

universitetas

mikroskop

mikroskopas

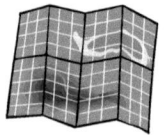

karta

žemėlapis

odpadkový koš na papír

šiukšliadėžė

cesta
kelionė

hotel
viešbutis
Grand
ubytovna
svečių namai
ROOMS
směnárna
valiutos keitykla
CHANGE
kufr
lagaminas
auto
mašina

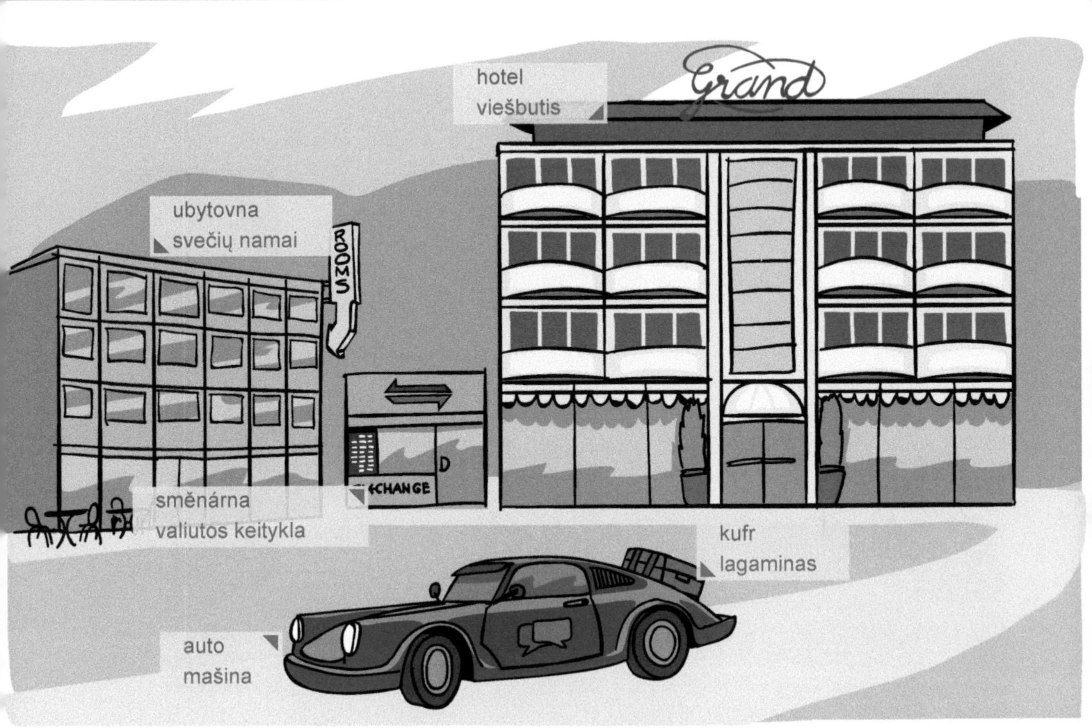

jazyk

kalba

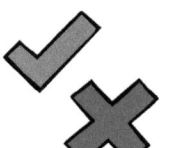

ano / ne

taip / ne

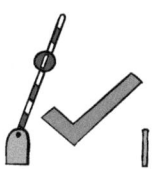

oukej

Gerai

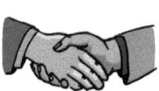

Ahoj!

sveiki

překladatel

vertėjas raštu

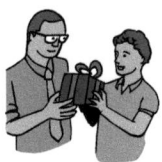

děkuji

Ačiū

Kolik stojí...?

kiek kainuoja...?

nerozumím

aš nesuprantu

problém

problema

Dobrý večer!

Labas vakaras!

Dobré ráno!

Labas rytas!

Dobrou noc!

Labos nakties!

na shledanou

viso gero

směr

kryptis

zavazadlo

bagažas

taška

krepšys

batoh

kuprinė

host

svečias

pokoj

kambarys

spací pytel

miegmaišis

stan

palapinė

turistické informace

turizmo informacija

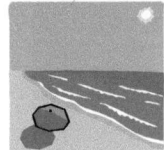

pláž

paplūdimys

kreditní karta

kreditinė kortelė

snídaně

pusryčiai

oběd

pietūs

večeře

vakarienė

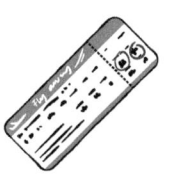

jízdenka

bilietas

výtah

liftas

poštovní známka

pašto ženklas

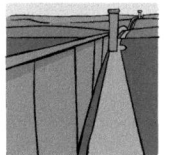

hranice

siena

clo

muitinė

poselství

ambasada

vízum

viza

pas

pasas

transport
transportas

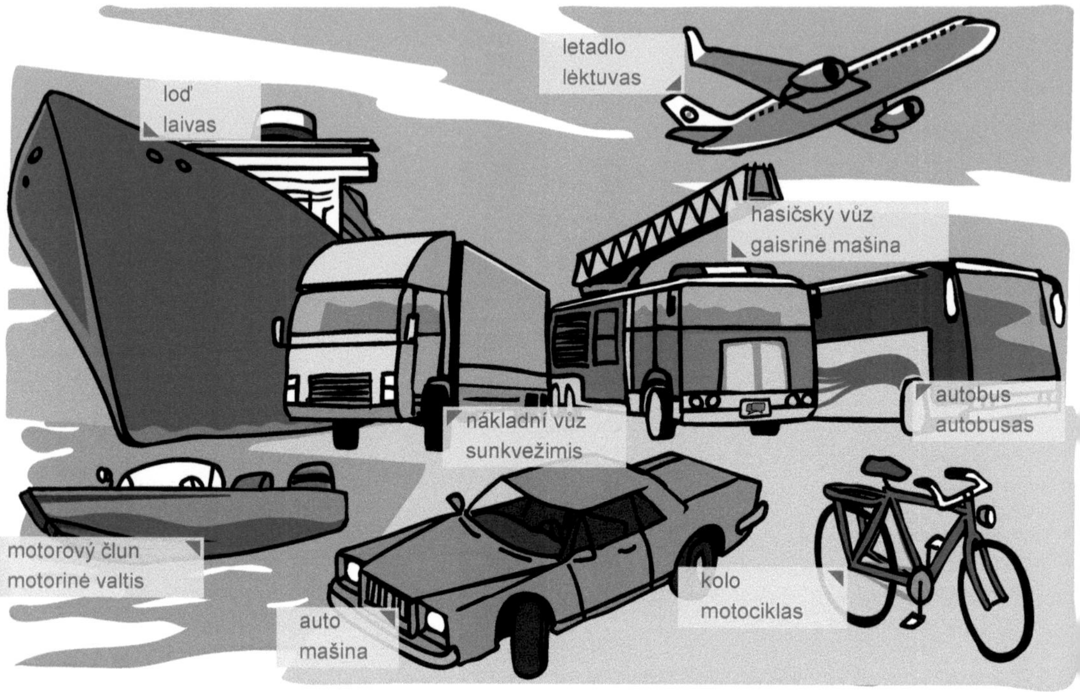
letadlo
lėktuvas
loď
laivas
hasičský vůz
gaisrinė mašina
autobus
autobusas
nákladní vůz
sunkvežimis
motorový člun
motorinė valtis
kolo
motociklas
auto
mašina

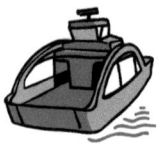

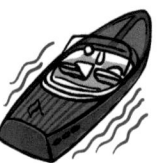

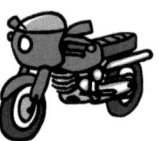

přívoz

keltas

člun

valtis

motorka

mopedas

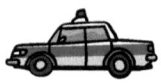

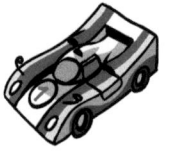

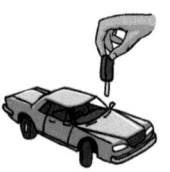

policejní auto

policijos automobilis

závodní auto

lenktyninis automobilis

pronajaté auto

nuomojamas automobilis

sdílení aut

bendras automobilio
naudojimas

odtahová služba

techninės pagalbos
automobilis

popelářský vůz

šiukšliavežė

motor

variklis

palivo

degalai

čerpací stanice

degalinė

dopravní značka

kelio ženklas

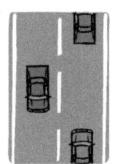

doprava

eismas

dopravní zácpa

eismo spūstis

parkoviště

mašinų stovėjimo aikštelė

vlakové nádraží

traukinių stotis

koleje

bėgiai

vlak

traukinys

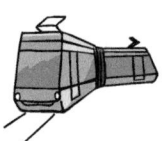

tramvaj

tramvajus

vagón

vagonas

helikoptéra

sraigtasparnis

letiště

oro uostas

věž

bokštas

pasažér

keleivis

kontejner

konteineris

kartón

děžė

trakař

vežimėlis

koš

krepšys

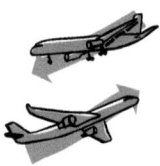

vzlétnout / přistát

pakilti / nusileisti

město

miestas

vesnice

kaimas

střed města

miesto centras

dům

namas

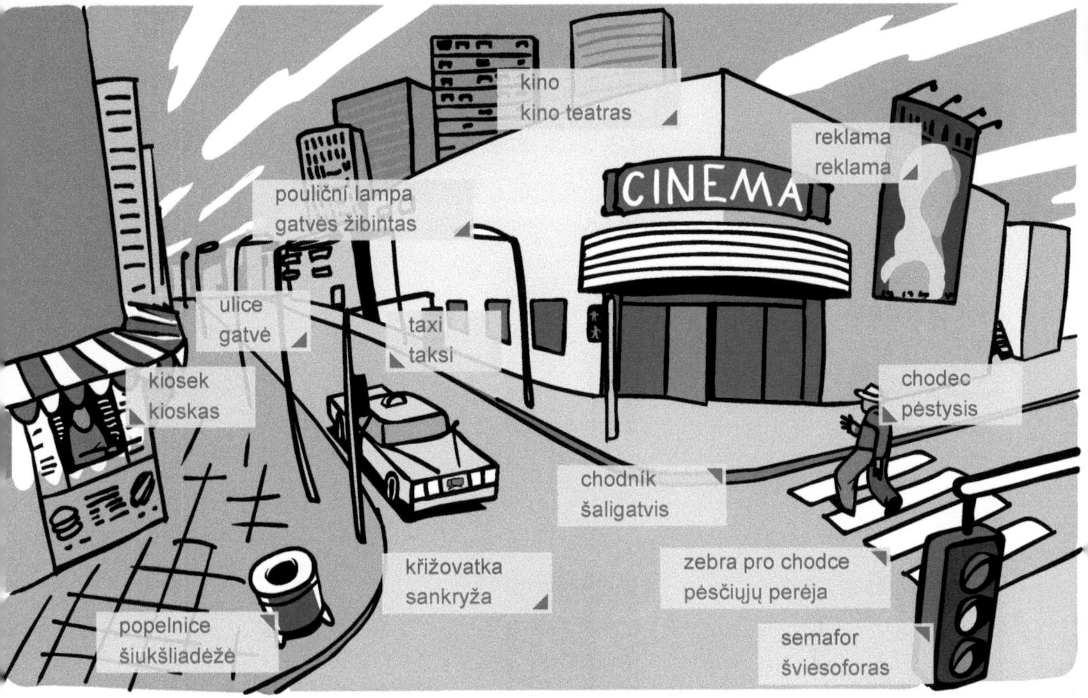

kino
kino teatras

reklama
reklama

pouliční lampa
gatvės žibintas

ulice
gatvė

taxi
taksi

kiosek
kioskas

chodec
pėstysis

chodník
šaligatvis

křižovatka
sankryža

zebra pro chodce
pėsčiųjų perėja

popelnice
šiukšliadėžė

semafor
šviesoforas

CINEMA

chata

trobelė

byt

butas

vlakové nádraží

traukinių stotis

radnice

rotušė

muzeum

muziejus

škola

mokykla

univerzita

universitetas

banka

bankas

nemocnice

ligoninė

hotel

viešbutis

lékárna

vaistinė

kancelář

biuras

knihkupectví

knygynas

obchod

parduotuvė

květinářství

gėlių parduotuvė

supermarket

prekybos centras

tržnice

turgus

obchodní dům

universalinė parduotuvė

rybárna

žuvies parduotuvė

nákupní centrum

prekybos centras

přístav

uostas

park

parkas

lavička

suoliukas

most

tiltas

schody

laiptai

metro

metro

tunel

tunelis

autobusová zastávka

autobusų stotelė

bar

baras

restaurace

restoranas

poštovní schránka

lauko pašto dėžutė

pouliční tabule

kelio ženklas

parkovací hodiny

parkomatas

zoo

zoologijos sodas

plovárna

baseinas

mešita

mečetė

usedlost
....
ūkininko ūkis

znečišťování životního
prostředí
....
tarša

hřbitov
....
kapinės

církev
....
bažnyčia

hřiště
....
žaidimų aikštelė

chrám
....
šventykla

krajina
kraštovaizdis

list
lapas

rozcestník
kelio rodyklė

cesta
kelias

louka
pieva

kámen
akmuo

strom
medis

turista
ėjikas

řeka
upė

tráva
žolė

květina
gėlė

údolí

slėnis

hora

kalva

jezero

ežeras

les

miškas

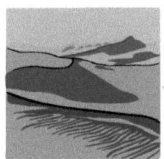

poušť

dykuma

sopka

ugnikalnis

zámek

pilis

duha

vaivorykštė

houba

grybas

palma

palmė

komár

uodas

moucha

musė

mravenec

skruzdėlė

včela

bitė

pavouk

voras

brouk

vabalas

žába

varlė

veverka

voverė

ježek

ežys

zajíc

kiškis

sova

pelėda

pták

paukštis

labuť

gulbė

divoké prase

šernas

jelen

elnias

los

briedis

přehrada

užtvanka

větrné kolo

vėjo jėgainė

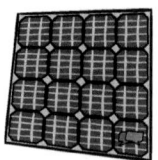

solární panel

saulės baterija

podnebí

klimatas

číšník
padavėjas

jídelní lístek
meniu

židle
kėdė

polévka
sriuba

pizza
pica

příbor
stalo įrankiai

ubrus
staltiesė

předkrm
užkandis

hlavní chod
pagrindinis patiekalas

dezert
desertas

nápoje
gėrimai

jídlo
maistas

láhev
butelis

rychlé občerstvení

greitai pateikiamas maistas

pouliční občerstvení

gatvės maistas

čajová konvice

arbatinukas

cukřenka

cukrinė

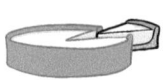

porce

porcija

kávovar na espresso

espreso aparatas

dětská stolička

aukšta kėdė

faktura

sąskaita

tác

padėklas

nůž

peilis

vidlička

šakutė

lžíce

šaukštas

čajová lyžička

arbatinis šaukštelis

ubrousek

servetėlė

sklenička

stiklinė

talíř
lėkštė

talíř na polévku
sriubos lėkštė

podšálek
padėklas

omáčka
padažas

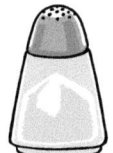

slánka
druskinė

mlýnek na pepř
pipirų malūnėlis

ocet
actas

olej
aliejus

koření
prieskoniai

kečup
kečupas

hořčice
garstyčios

majonéza
majonezas

supermarket
prekybos centras

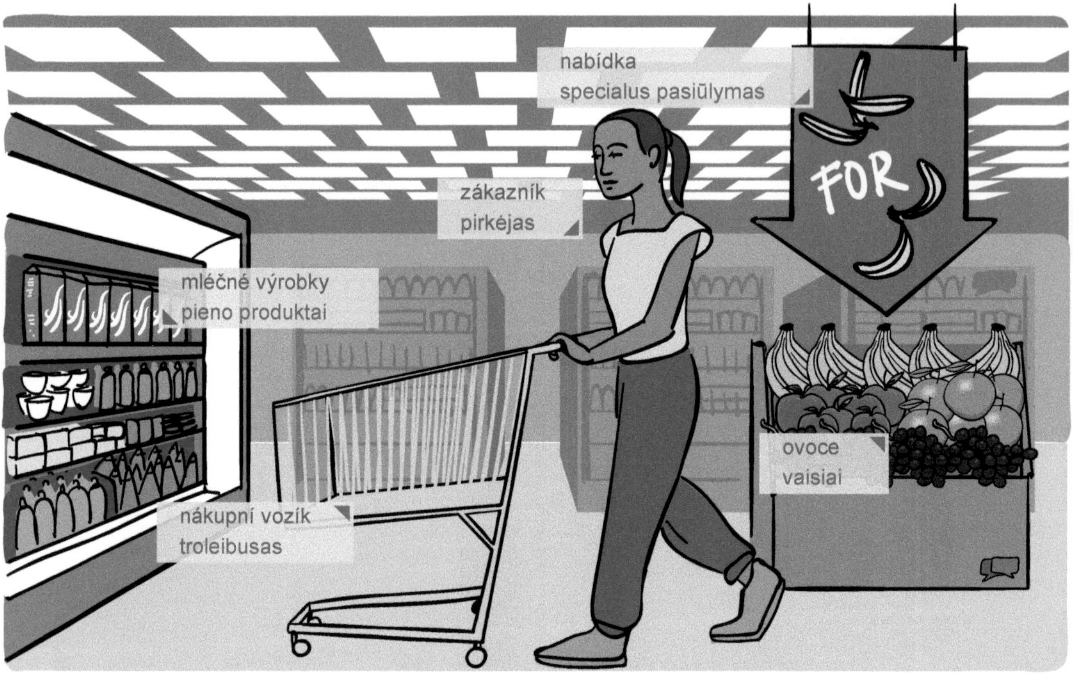

nabídka
specialus pasiūlymas
FOR
zákazník
pirkėjas
mléčné výrobky
pieno produktai
ovoce
vaisiai
nákupní vozík
troleibusas

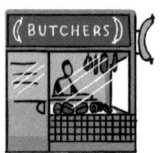

BUTCHERS

masna

mėsos parduotuvė

BAKERY

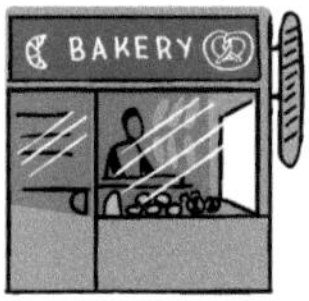

pekařství

kepykla

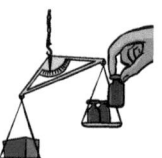

vážit

sverti

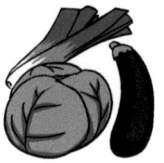

zelenina

daržovės

maso

mėsa

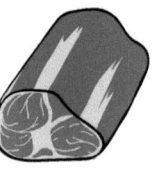

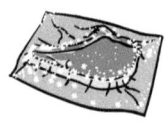

mražené potraviny

šaldytas maistas

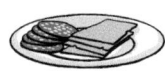

obložený talíř

šalti mėsos užkandžiai

konzervy

konservai

prací prášek

skalbimo milteliai

cukrovinky

saldumynai

výrobky pro domácnost

ūkinės prekės

čisticí prostředek

valymo priemonės

prodavačka

pardavėja

pokladna

kasos aparatas

pokladní

kasininkas

nákupní seznam

pirkinių sąrašas

otevírací doba

darbo valandos

peněženka

piniginė

kreditní karta

kreditinė kortelė

taška

maišelis

igelitová taška

plastikinis maišelis

voda

vanduo

džus

sultys

mléko

pienas

kola

kola

víno

vynas

pivo

alus

alkohol

alkoholis

kakao

kakava

čaj

arbata

káva

kava

espresso

espresas

kapučíno

kapučinas

banán

bananas

jablko

obuolys

pomeranč

apelsinas

meloun

arbūzas

citrón

citrina

mrkev

morka

česnek

česnakas

bambus

bambukas

cibule

svogūnas

houba

grybas

ořechy

riešutai

těstoviny

makaronai

špageti

spagečiai

rýže

ryžiai

salát

salotos

hranolky

traškučiai

americké brambory

keptos bulvės

pizza

pica

hamburger

mėsainis

sendvič

sumuštinis

řízek

pjausnys

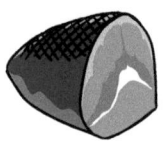

šunka

kumpis

salám

saliamis

salám

dešrelė

kuře

vištiena

pečeně

kepsnys

ryby

žuvis

ovesné vločky

avižų dribsniai

müsli

dribsniai su priedais

vločky

kukurūzų dribsniai

mouka

miltai

croissant

prancūziškasis ragelis

houska

bandelė

chléb

duona

toast

skrebutis

sušenky

sausainiai

máslo

sviestas

tvaroh

varškė

buchta

tortas

vejce

kiaušinis

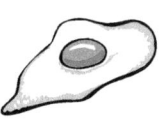

volské oko

kiaušinienė

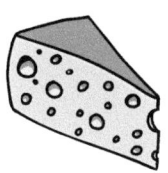

sýr

sūris

zmrzlina

ledai

cukr

cukrus

med

medus

marmeláda

uogienė

nugátový krém

tepamas šokoladas

kari

karis

usedlost
ūkininko ūkis

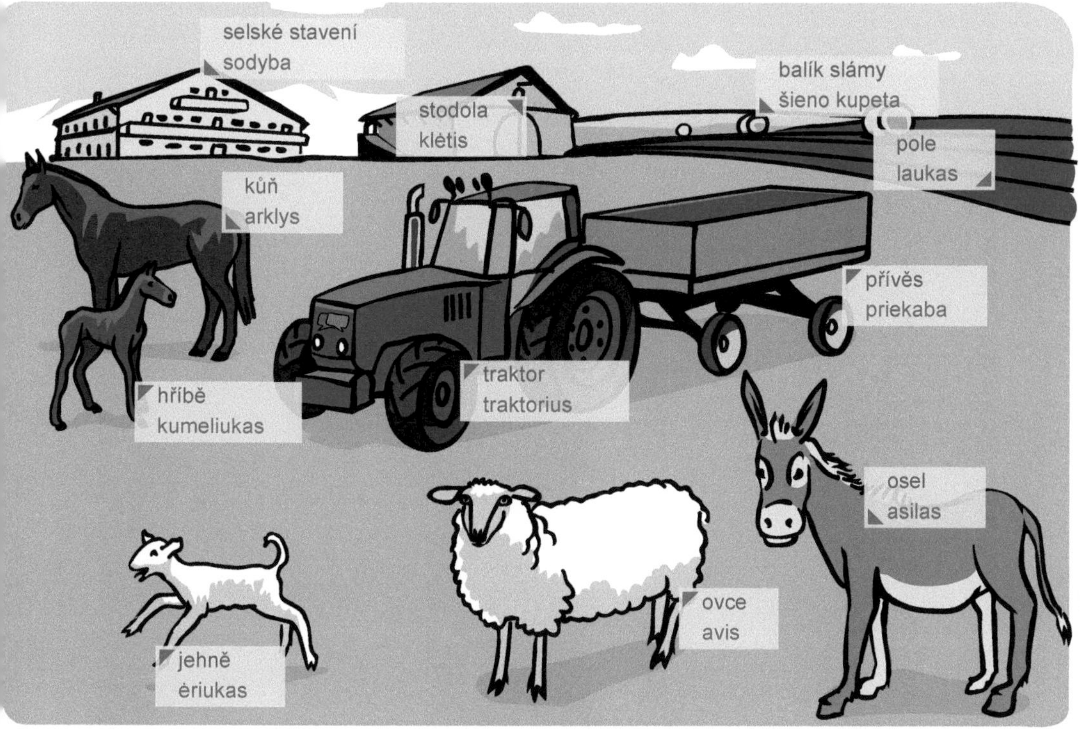
selské stavení
sodyba
stodola
klėtis
balík slámy
šieno kupeta
pole
laukas
kůň
arklys
přívěs
priekaba
traktor
traktorius
hříbě
kumeliukas
osel
asilas
ovce
avis
jehně
ėriukas

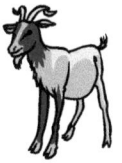

koza

ožys

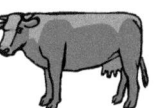

kráva

karvė

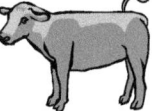

tele

veršis

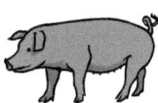

prase

kiaulė

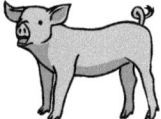

sele

paršelis

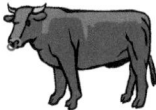

býk

bulius

husa

žąsis

kachna

antis

kuře

viščiukas

slepice

višta

kohout

gaidys

krysa

žiurkė

kočka

katė

myš

pelė

vůl

jautis

pes

šuo

psí bouda

šuns būda

zahradní hadice

sodo namas

kropicí konev

laistytuvas

kosa

dalgis

pluh

plūgas

srp

pjautuvas

motyka

kauptukas

vidle

šakės

sekera

kirvis

kolecko

statinė

koryto

lovys

konev na mléko

bidonas

pytel

maišas

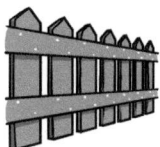

plot

tvora

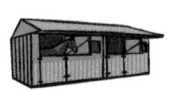

stáj

arklidė

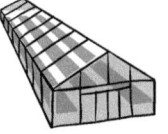

skleník

šiltnamis

půda

dirva

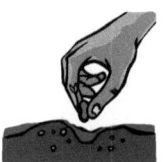

osivo

sėkla

hnojivo

trąšos

kombajn

kombainas

sklidit

rinkti

sklizeň

derlius

smldinec

saldžiosios bulvės

pšenice

kviečiai

sója

soja

brambora

bulvė

kukuřice

kukurūzai

řepka

rapsai

ovocný strom

vaismedis

maniok

manijokas

obilí

grūdai

dům
namas

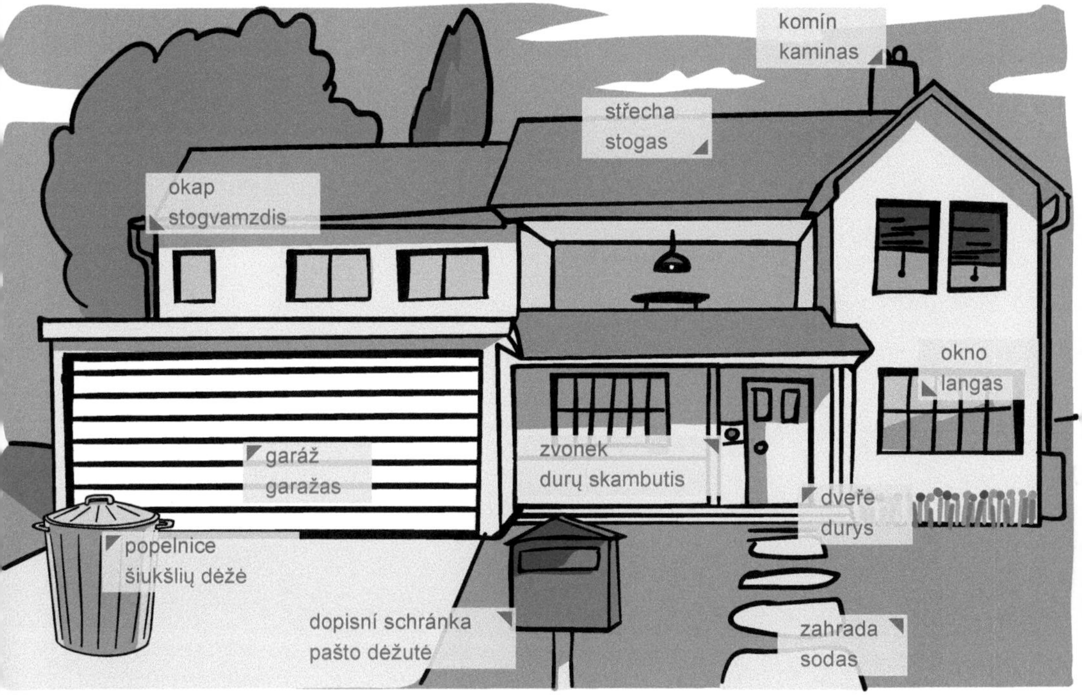
komín
kaminas
střecha
stogas
okap
stogvamzdis
okno
langas
zvonek
durų skambutis
garáž
garažas
dveře
durys
popelnice
šiukšlių dėžė
dopisní schránka
pašto dėžutė
zahrada
sodas

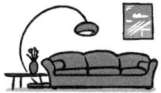

obývací pokoj

svetainė

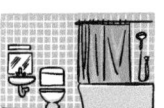

koupelna

vonios kambarys

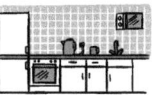

kuchyně

virtuvė

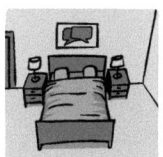

ložnice

miegamasis

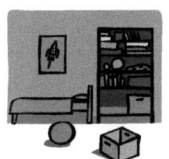

dětský pokoj

vaiko kambarys

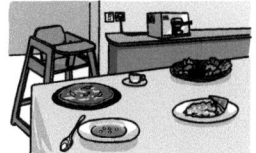

jídelna

valgomasis

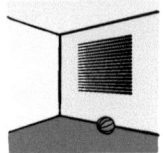

podlaha

grindys

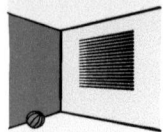

zeď

siena

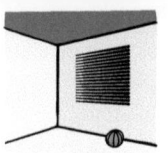

deka

lubos

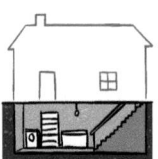

sklep

rūsys

sauna

sauna

balkón

balkonas

terasa

terasa

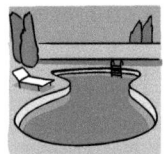

bazén

baseinas

sekačka na trávu

žoliapjovė

ložní prádlo

paklodė

lůžková přikrývka

lovatiesė

postel

lova

smeták

šluota

kýbl

kibiras

vypínač

jungiklis

obývací pokoj
svetainė

tapeta
tapetai
obrázek
nuotrauka
žárovka
šviestuvas
police
lentyna
skříň
spintelė
televizor
televizorius
komín
židinys
květina
gėlė
polštář
pagalvėlė
gauč
sofa
váza
vaza
dálkový ovladač
nuotolinio valdymo pultelis

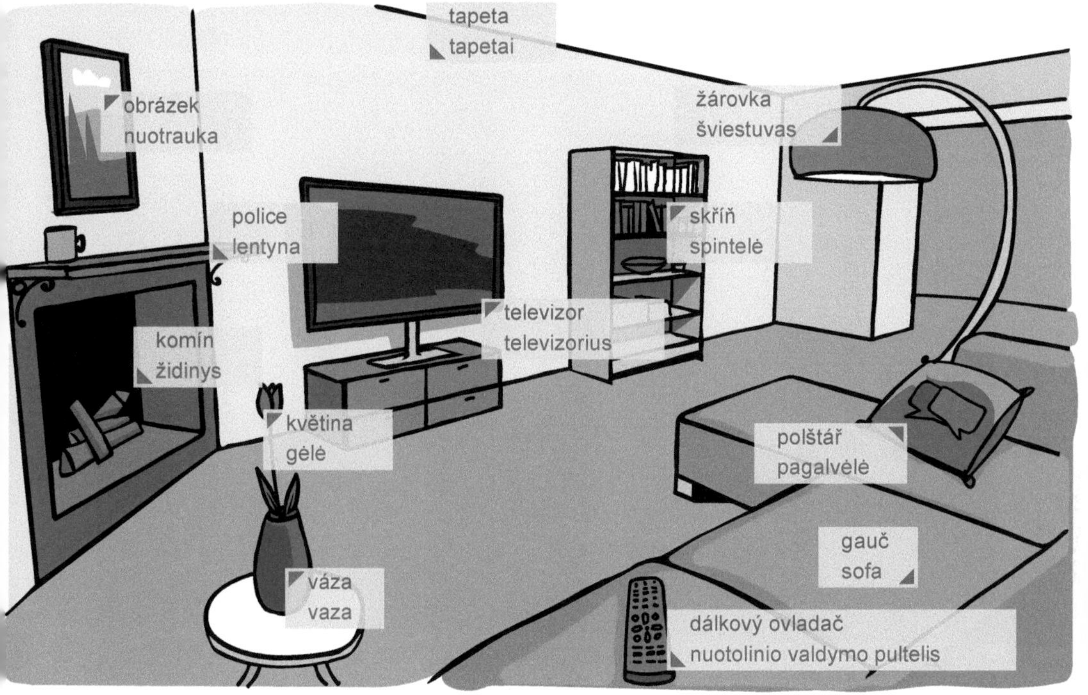

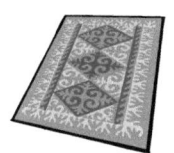

koberec

kilimas

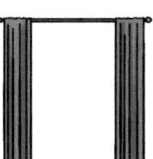

závěs

užuolaida

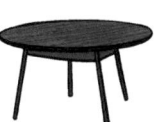

stůl

stalas

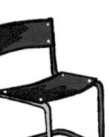

židle

kėdė

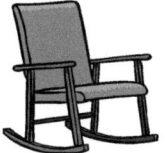

houpací křeslo

supamasis krėslas

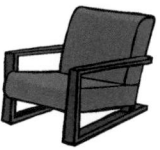

křeslo

fotelis

kniha

knyga

strop

antklodė

ozdoba

papuošimai

palivové dříví

malkos

film

filmas

stereo souprava

stereo aparatūra

klíč

raktas

noviny

laikraštis

malba

paveikslas

plakát

plakatas

rádio

radijas

poznámkový blok

užrašų knygelė

vysavač

dulkių siurblys

kaktus

kaktusas

svíce

žvakė

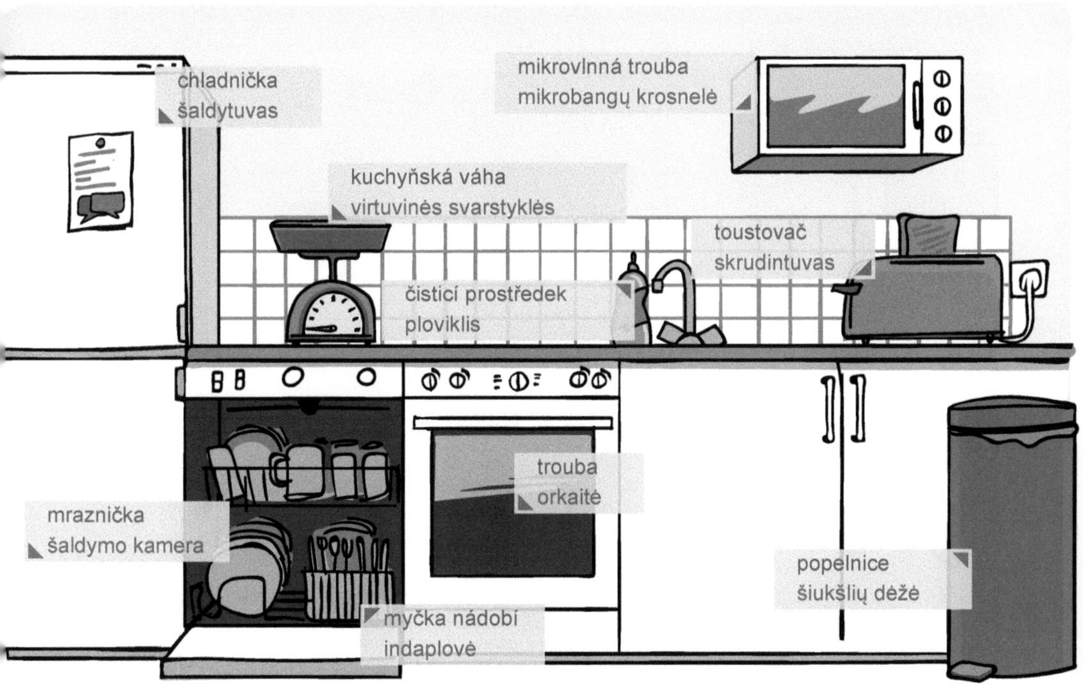

chladnička
šaldytuvas

mikrovlnná trouba
mikrobangų krosnelė

kuchyňská váha
virtuvinės svarstyklės

toustovač
skrudintuvas

čisticí prostředek
ploviklis

trouba
orkaitė

mraznička
šaldymo kamera

popelnice
šiukšlių dėžė

myčka nádobí
indaplovė

sporák
virylė

hrnec
puodas

litinový hrnec
ketaus puodas

wok / kadai
„wok" keptuvė

pánev
keptuvė

varná konvice
virdulys

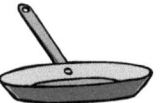

parní hrnec

garų puodas

plech na pečení

kepimo skarda

nádobí

porceliano indai

hrnek

puodelis

miska

dubuo

jídelní hůlky

valgomosios lazdelės

naběračka

samtis

obracečka

mentelė

metla

plaktuvas

síto

koštuvas

cedník

sietas

struhadlo

trintuvė

hmoždíř

grūstuvė

gril

kepsninė

ohniště

atvira liepsna

prkénko na krájení

pjaustymo lentelė

váleček na těsto

kočėlas

vývrtka

kamščiatraukis

dóza

skardinė

otvírák na konzervy

skardinių atidarytuvas

chňapka

puodkėlė

umyvadlo

kriauklė

kartáč na nádobí

šepetys

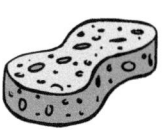

houba

kempinė

mixér

trintuvas

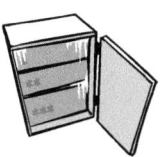

mrazák

šaldiklis

dětská lahev

kūdikių buteliukas

kohoutek

čiaupas

koupelna

vonios kambarys

topení
šildymas
sprcha
dušas
ručník
rankšluostis
sprchový závěs
dušo užuolaidos
pěnová koupel
vonios putos
vana
vonia
sklenička
stiklinė
pračka
skalbimo mašina
kohoutek
čiaupas
obkladačky
plytelės
nočník
naktinis puodukas
umyvadlo
kriauklė

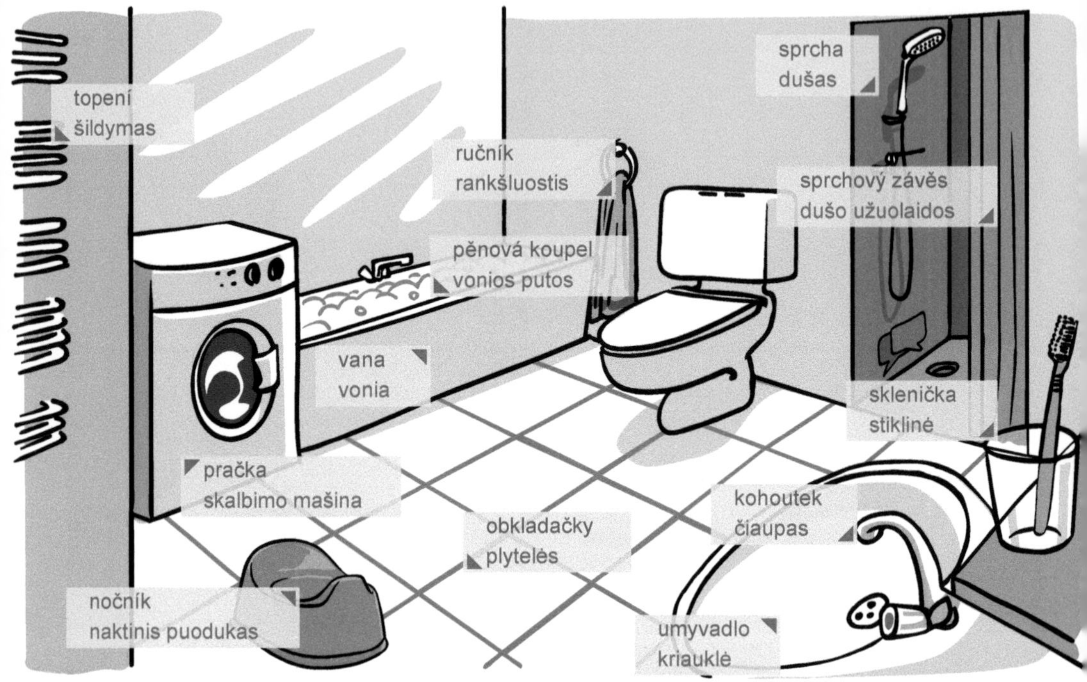

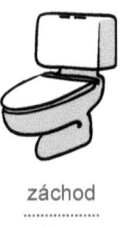

záchod

unitazas

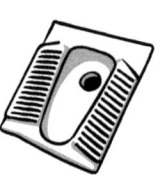

turecký záchod

tupimasis unitazas

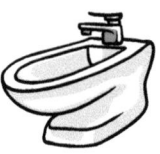

bidet

bidė

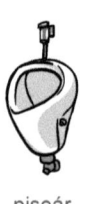

pisoár

pisuaras

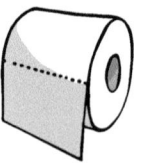

toaletní papír

tualetinis popierius

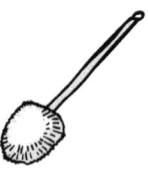

záchodová štětka

unitazo šepetys

zubní kartáček

dantų šepetėlis

zubní pasta

dantų pasta

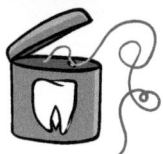

zubní niť

dantų siūlas

mýt

plauti

ruční sprcha

dušo galvutė

intimní sprcha

higieninis dušas

umyvadlo

praustuvas

kartáč na záda

nugaros plaušinė

mýdlo

muilas

sprchový gel

dušo želė

šampón

šampūnas

žínka

plaušinė

odpad

kanalizacija

krém

kremas

deodorant

dezodorantas

zrcadlo

veidrodis

kosmetické zrcátko

veidrodėlis

holicí strojek

skustuvas

pěna na holení

skutimosi putos

voda po holení

losjonas po skutimosi

hřeben

šukos

kartáč

šepetys

fén

plaukų džiovintuvas

lak na vlasy

plaukų lakas

makeup

makiažas

rtěnka

lūpdažis

lak na nehty

nagų lakas

vata

vata

nůžky na nehty

žirklutės nagams

parfém

kvepalai

taška s toaletními potřebami
....
maišelis skalbiniams

stolička
....
taburetė

váha
....
svarstyklės

župan
....
chalatas

gumové rukavice
....
guminės pirštinės

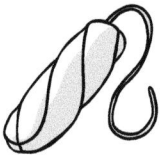

tampón
....
tamponas

dámská vložka
....
higieninis įklotas

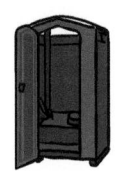

chemická toaleta
....
biotualetas

dětský pokoj
vaiko kambarys

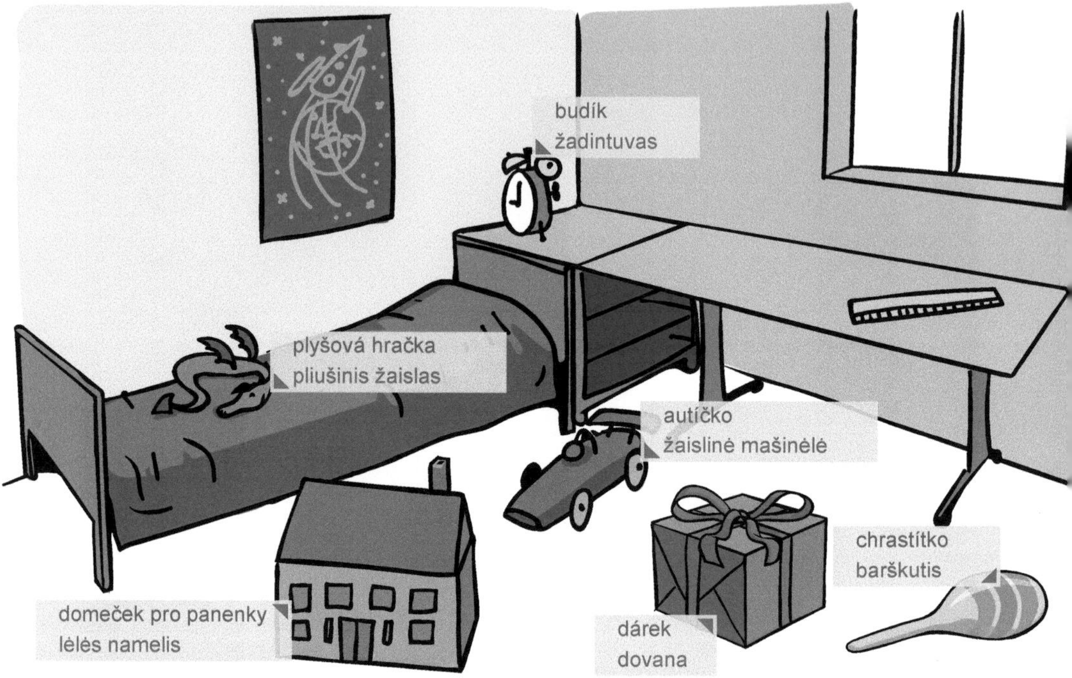
budík
žadintuvas
plyšová hračka
pliušinis žaislas
autíčko
žaislinė mašinėlė
chrastítko
barškutis
domeček pro panenky
lėlės namelis
dárek
dovana

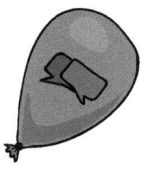

balón

balionas

postel

lova

kočárek

vaikiškas vežimėlis

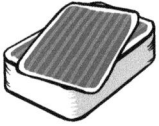

balíček karet

kortų malka

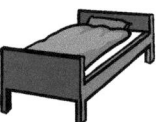

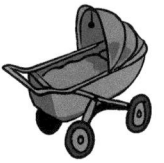

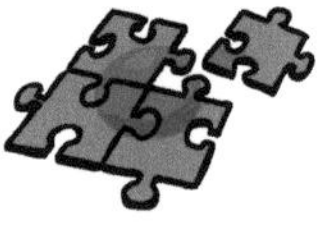

puzzle

delionė

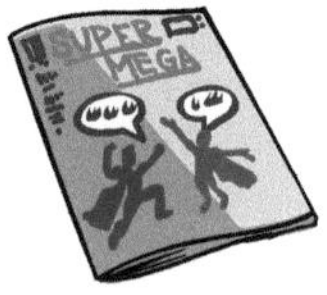
SUPER
MEGA

komiks

komiksai

lego kostky

lego kaladėlės

stavebnice

žaislinės kaladėlės

akční figurka

figūrėlė

dupačky

šliaužtinukai

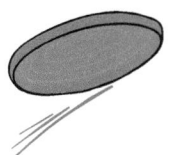

frisbee

mėtymo lėkštė

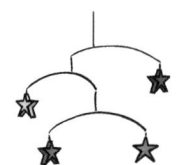

závěsné hračky nad postýlku

karuselė

desková hra

stalo žaidimas

kostky

kauliukai

modelová železnice

žaislinis traukinys

dudlík

žindukas

oslava

vakarėlis

obrázková kniha

paveiksliukų knygelė

míč

kamuolys

panenka

lėlė

hrát si

žaisti

pískoviště
....
smělio děžė

houpačka
....
sūpynės

hračky
....
žaislai

hrací konzole
....
žaidimų konsolė

tříkolka
....
triratukas

medvídek
....
meškiukas

šatník
....
drabužių spinta

ponožky
....
kojinės

punčochy
....
kojinės virš kelių

punčochové kalhoty
....
pėdkelnės

šála
šalikas

deštník
skėtis

tričko
marškinėliai

pásek
diržas

kozačky
ilgaauliai batai

domácí obuv
šlepetės

tenisky
sportbačiai

sandály
....
sandalai

obuv
....
batai

holínky
....
guminiai batai

spodní prádlo
....
trumpikės

podprsenka
....
liemenėlė

nátělník
....
liemenė

oblečení - drabužis   45

body
....
glaustinukė

kalhoty
....
kelnės

džíny
....
džinsai

sukně
....
sijonas

blůza
....
palaidinė

košile
....
marškiniai

svetr
....
megztinis

mikina
....
megztinis su gobtuvu

blejzr
....
švarkelis

bunda
....
švarkas

kabát
....
paltas

pláštěnka
....
lietpaltis

kostým
....
kostiumas

šaty
....
suknelė

svatební šaty
....
vestuvinė suknelė

oblek

kostiumas

noční košile

naktiniai marškiniai

pyžamo

pižama

sárí

saris

šátek na hlavu

skarelė

turban

tiurbanas

burka

burka

kaftan

kaftanas

abája

abaja

plavky

maudymosi kostiumėlis

pánské plavky

glaudės

kraťasy

šortai

teplákova souprava

sportinis kostiumas

zástěra

prijuostė

rukavice

pirštinės

knoflík

saga

brýle

akiniai

náramek

apyrankė

náhrdelník

vėrinys

prsten

žiedas

náušnice

auskaras

čepice

kepurė

ramínko

pakabas

klobouk

skrybėlė

kravata

kaklaraištis

zip

užtrauktukas

helma

šalmas

kšandy

breketai

školní uniforma

mokyklinė uniforma

uniforma

uniforma

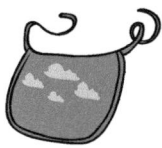

bryndák

seilinukas

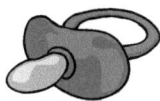

dudlík

žindukas

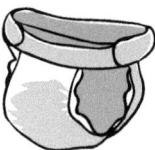

plena

vystyklai

kancelář

biuras

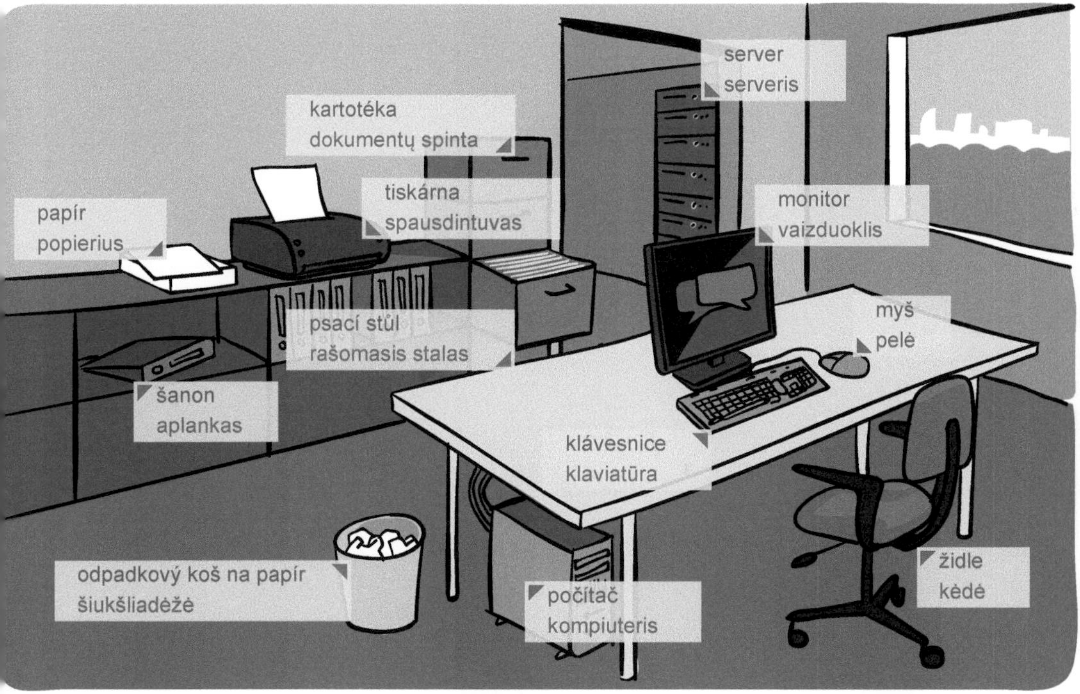

server
serveris
kartotéka
dokumentų spinta
tiskárna
spausdintuvas
papír
popierius
monitor
vaizduoklis
myš
pelė
psací stůl
rašomasis stalas
šanon
aplankas
klávesnice
klaviatūra
židle
kėdė
odpadkový koš na papír
šiukšliadėžė
počítač
kompiuteris

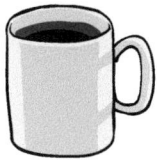

hrnek na kávu

kavos puodelis

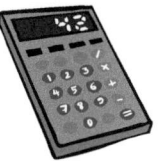

kalkulačka

kalkuliatorius

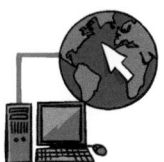

internet

internetas

notebook

nešiojamasis kompiuteris

dopis

laiškas

zpráva

žinutė

mobil

mobilusis telefonas

síť

tinklas

kopírka

fotokopijavimo aparatas

software

programinė įranga

telefon

telefonas

zásuvka

kištukinis lizdas

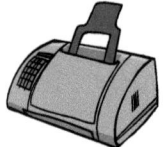

fax

faksas

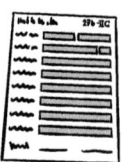

formulář

forma

dokument

dokumentas

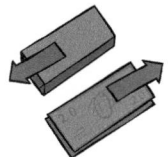

nakupovat

pirkti

zaplatit

mokėti

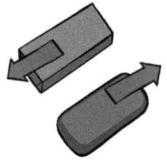

jednat

prekiauti

peníze

pinigai

dolar

doleris

euro

euras

jen

jena

rubl

rublis

frank

Šveicarijos frankas

juan

juanis

rupie

rupija

bankomat

bankomatas

směnárna

valiutos keitykla

zlato

auksas

stříbro

sidabras

olej

nafta

energie

energija

cena

kaina

smlouva

sutartis

daň

mokestis

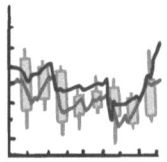

akcie

akcijos

pracovat

dirbti

zaměstnanec

darbuotojas

zaměstnavatel

darbdavys

továrna

gamykla

obchod

parduotuvė

povolání
profesijos

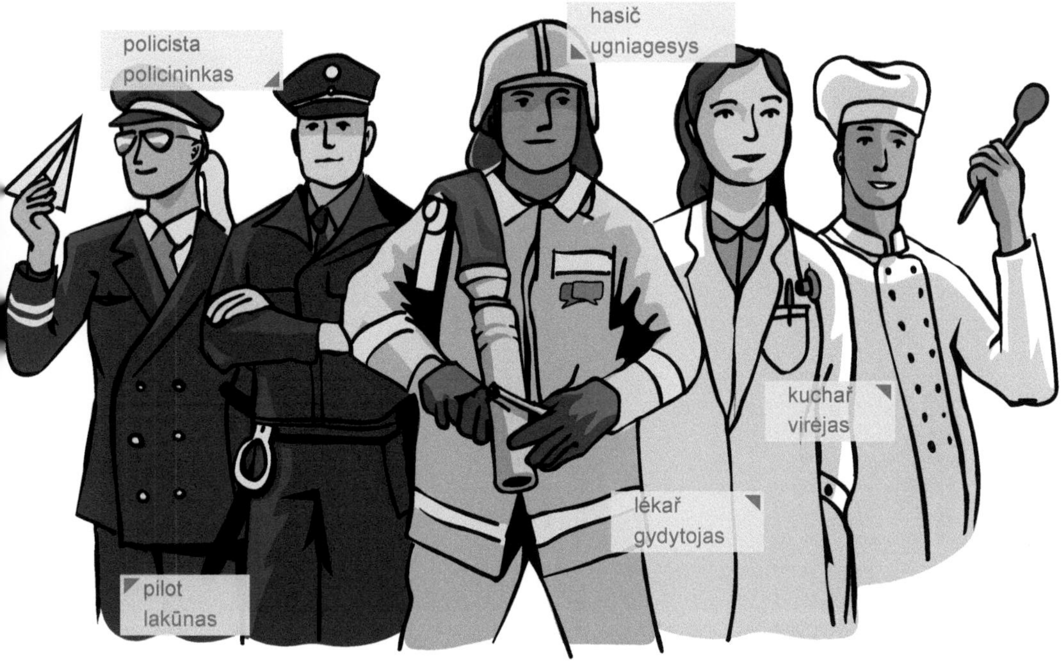
policista
policininkas
hasič
ugniagesys
kuchař
virėjas
lékař
gydytojas
pilot
lakūnas

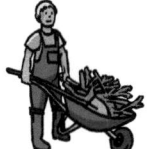

zahradník

sodininkas

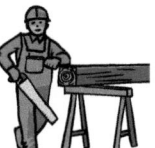

truhlář

stalius

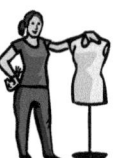

švadlena

siuvėja

soudce

teisėjas

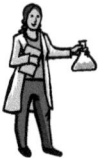

chemik

chemikas

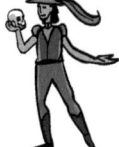

herec

aktorius

řidič autobusu

autobuso vairuotojas

řidič taxi

taksi vairuotojas

rybář

žvejys

uklízečka

valytoja

pokrývač

stogdengys

číšník

padavėjas

myslivec

medžiotojas

malíř

dailininkas

pekař

kepėjas

elektrikář

elektrikas

stavební dělník

statybininkas

inženýr

inžinierius

řezník

mésininkas

klempíř

santechnikas

listonoš

paštininkas

voják

kareivis

architekt

architektas

pokladní

kasininkas

florista

gėlininkas

kadeřník

kirpėjas

průvodčí

konduktorius

mechanik

mechanikas

kapitán

kapitonas

zubař

odontologas

vědec

mokslininkas

rabín

rabinas

imám

imamas

mnich

vienuolis

duchovní

kunigas

nářadí
įrankiai

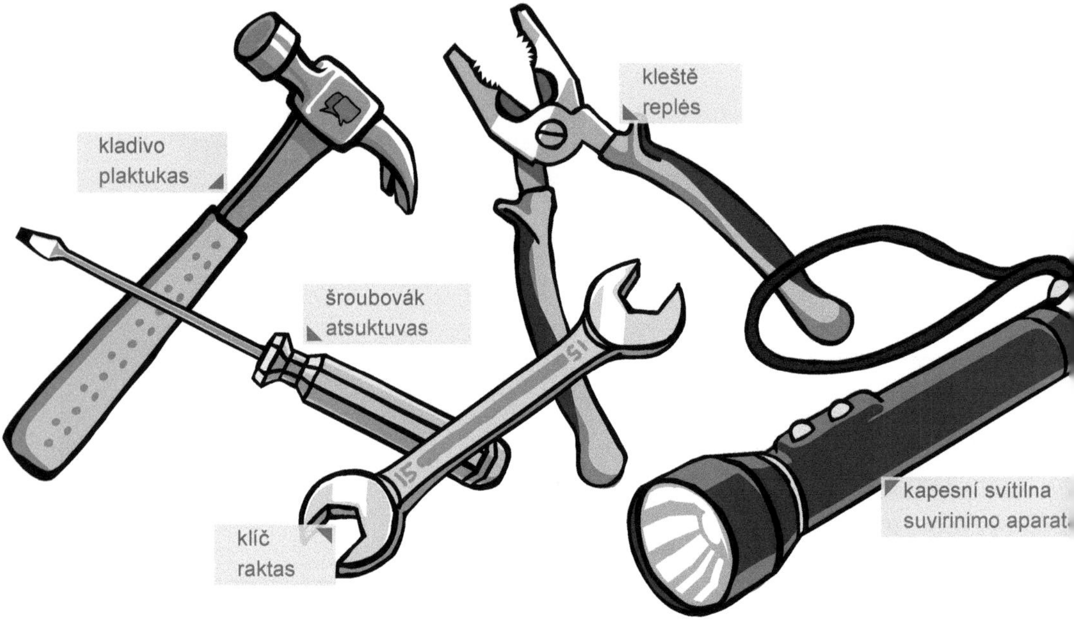
kladivo
plaktukas
kleště
replės
šroubovák
atsuktuvas
klíč
raktas
kapesní svítilna
suvirinimo aparat

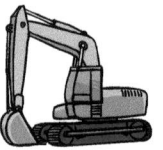

bagr

ekskavatorius

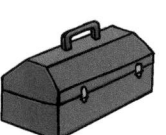

skříň na nářadí

įrankių dėžė

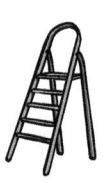

žebřík

kopėčios

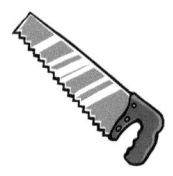

pila

pjūklas

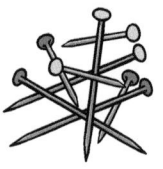

hřebíky

vinys

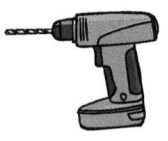

vrtačka

grąžtas

opravit
....
taisyti

lopata
....
kastuvas

Kurva!
....
Velniava!

lopatka
....
semtuvėlis

vědroé na barvu
....
dažų skardinė

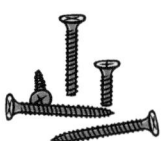

šrouby
....
varžtai

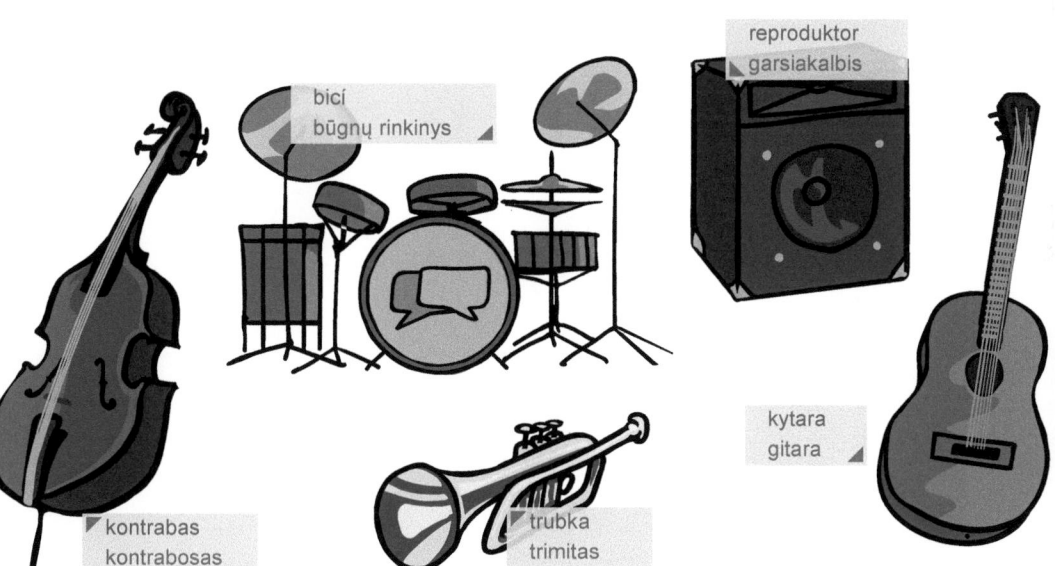

reproduktor
garsiakalbis

bicí
būgnų rinkinys

kytara
gitara

kontrabas
kontrabosas

trubka
trimitas

klavír

pianinas

housle

smuikas

basa

bosinė gitara

tympán

timpanas

bubny

būgnai

keyboard

sintezatorius

saxofon

saksofonas

flétna

fleita

mikrofon

mikrofonas

tygr
tigras

vstup
jėjimas

klec
narvas

zebra
zebras

krmivo pro zvířata
gyvūnų pašaras

panda
panda

zvířata
gyvūnai

slon
dramblys

klokan
kengūra

nosorožec
raganosis

gorila
gorila

medvěd
meška

velbloud

kupranugaris

pštros

strutis

lev

liūtas

opice

beždžionė

plameňák

flamingas

papoušek

papūga

lední medvěd

baltoji meška

tučňák

pingvinas

žralok

ryklys

páv

povas

had

gyvatė

krokodýl

krokodilas

ošetřovatel zvířat

zoologijos sodo prižiūrėtojas

tuleň

ruonis

jaguár

jaguaras

poník
ponis

leopard
leopardas

hroch
begemotas

žirafa
žirafa

orel
erelis

divoké prase
šernas

ryby
žuvis

želva
vėžlys

mrož
vėplys

liška
lapė

gazela
gazelė

americký fotbal
amerikietiškas futbolas

cyklistika
dviračių sportas

tenis
tenisas

košíková
krepšinis

plavání
plaukimas

box
boksas

lední hokej
ledo ritulys

kopaná
futbolas

badminton
badmintonas

lehká atletika
atletika

házená
rankinis

běh na lyžích
slidinėjimas

vodní pólo
polas

aktivity
užsiėmimai

smát se
juoktis
skočit
šokinėti
objímat
apkabinti
jít
vaikščioti
zpívat
dainuoti
snít
svajoti
modlit se
melstis
políbit
bučiuoti

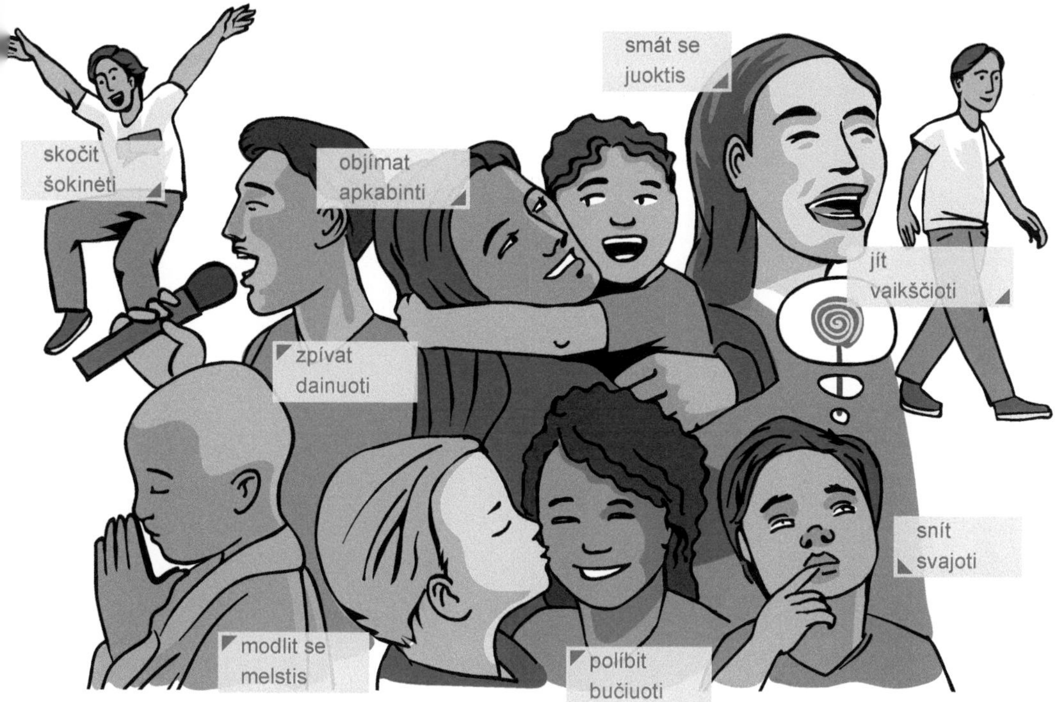

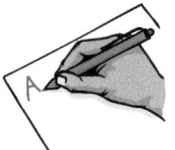

psát
rašyti

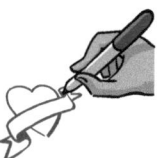

kreslit
piešti

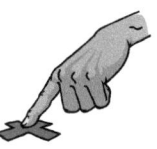

ukazovat
rodyti

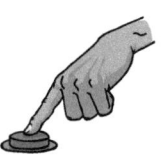

tlačit
stumti

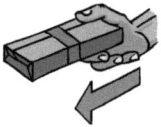

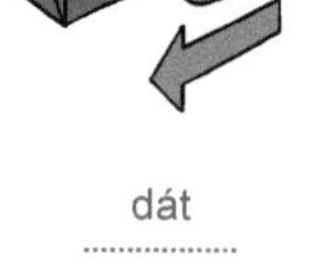

dát
duoti

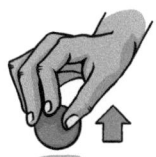

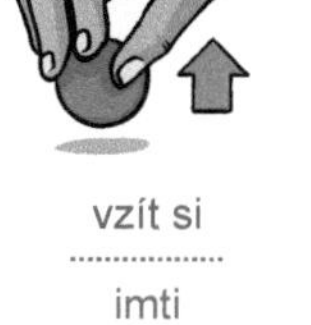

vzít si
imti

mít
....
turėti

dělat
....
daryti

být
....
būti

stát
....
stovėti

běhat
....
bėgti

táhnout
....
traukti

hodit
....
mesti

padat
....
kristi

ležet
....
meluoti

čekat
....
laukti

nosit
....
nešti

sedět
....
sėdėti

oblékat
....
rengtis

spát
....
miegoti

vzbudit se
....
pabusti

prohlédnout si

žiūrėti

plakat

verkti

pohladit

glostyti

česat

šukuoti

hovořit

kalbėti

rozumět

suprasti

ptát se

paklausti

slyšet

klausytis

pít

gerti

jíst

valgyti

uklidit

tvarkytis

milovat

mylėti

vařit

gaminti

jet

vairuoti

letět

skristi

plachtit

buriuoti

počítat

skaičiuoti

číst

skaityti

učit se

mokytis

pracovat

dirbti

vzít si

vesti

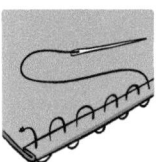

šít

siūti

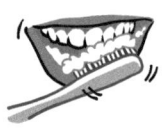

čistit si zuby

valytis dantis

zabít

žudyti

kouřit

rūkyti

poslat

siųsti

babička
senelė

dědeček
senelis

otec
tėvas

matka
motina

dítě
kūdikis

dcera
dukra

syn
sūnus

host
svečias

teta
teta

strýc
dėdė

bratr
brolis

sestra
sesuo

tělo
kūnas

čelo
kakta
oko
akis
rameno
petys
prst
pirštas
obličej
veidas
brada
smakras
ruka
plaštaka
dolní končetina
koja
hruď
krūtinė
paže
ranka

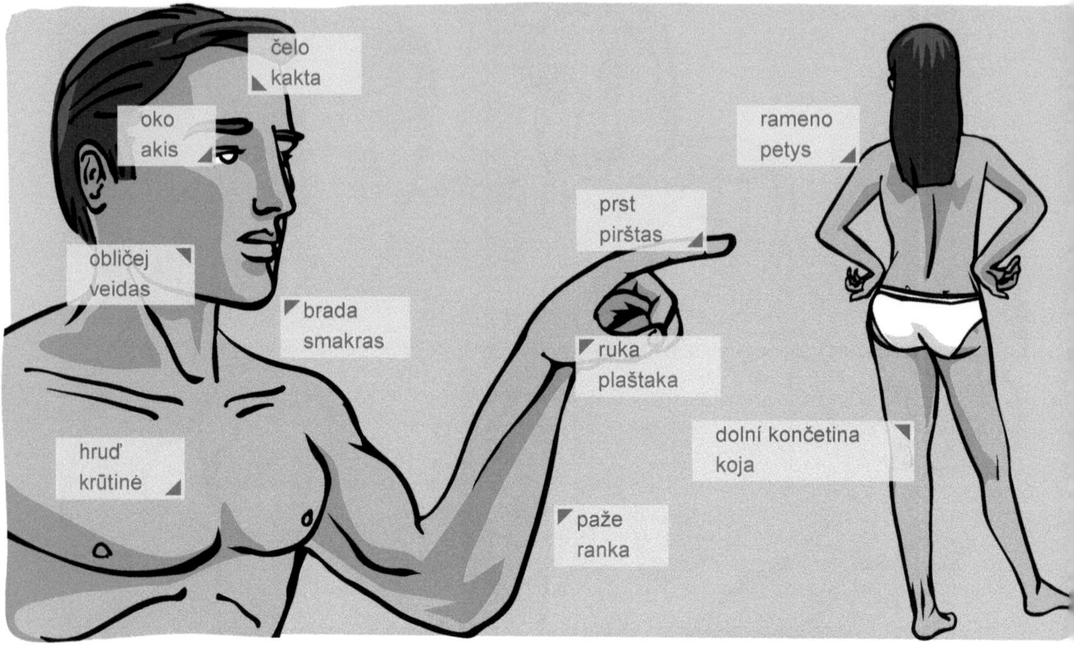

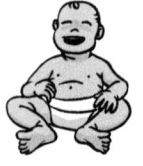

dítě
kūdikis

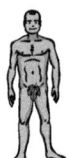

muž
vyras

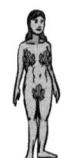

žena
moteris

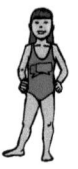

dívka
mergaitė

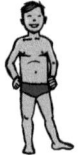

chlapec
berniukas

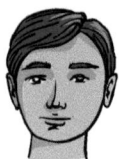

hlava
galva

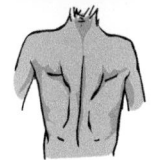

záda
nugara

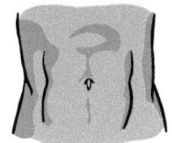

břicho
pilvas

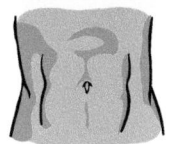

pupík
bamba

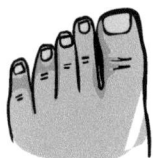

prst na noze
kojos pirštas

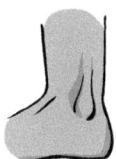

pata
kulnas

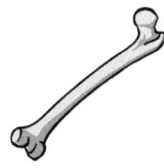

kost
kaulas

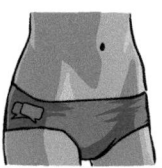

bok
klubas

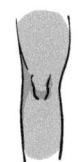

koleno
kelis

loket
alkūnė

nos
nosis

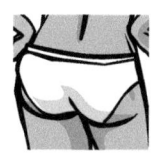

zadek
sėdmenys

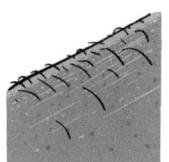

kůže
oda

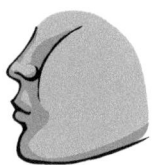

tvář
skruostas

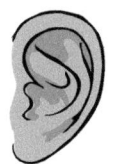

ucho
ausis

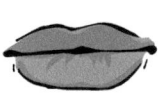

ret
lūpa

ústa

burna

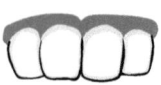

zub

dantis

jazyk

liežuvis

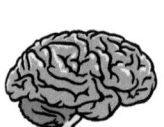

mozek

smegenys

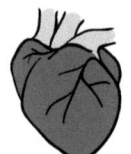

srdce

širdis

sval

raumuo

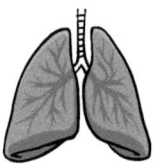

plíce

plaučiai

játra

kepenys

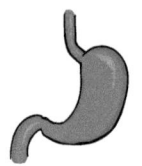

žaludek

skrandis

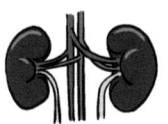

ledviny

inkstai

pohlavní styk

seksas

kondom

prezervatyvas

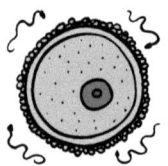

vajíčko

kiaušialąstė

sperma

sperma

těhotenství

nėštumas

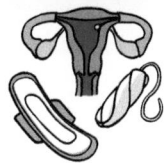

menstruace

menstruacijos

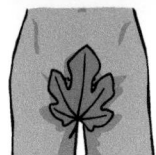

vagina

makštis

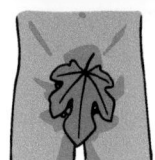

penis

varpa

obočí

antakis

vlasy

plaukai

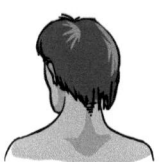

krk

kaklas

nemocnice
ligoninė

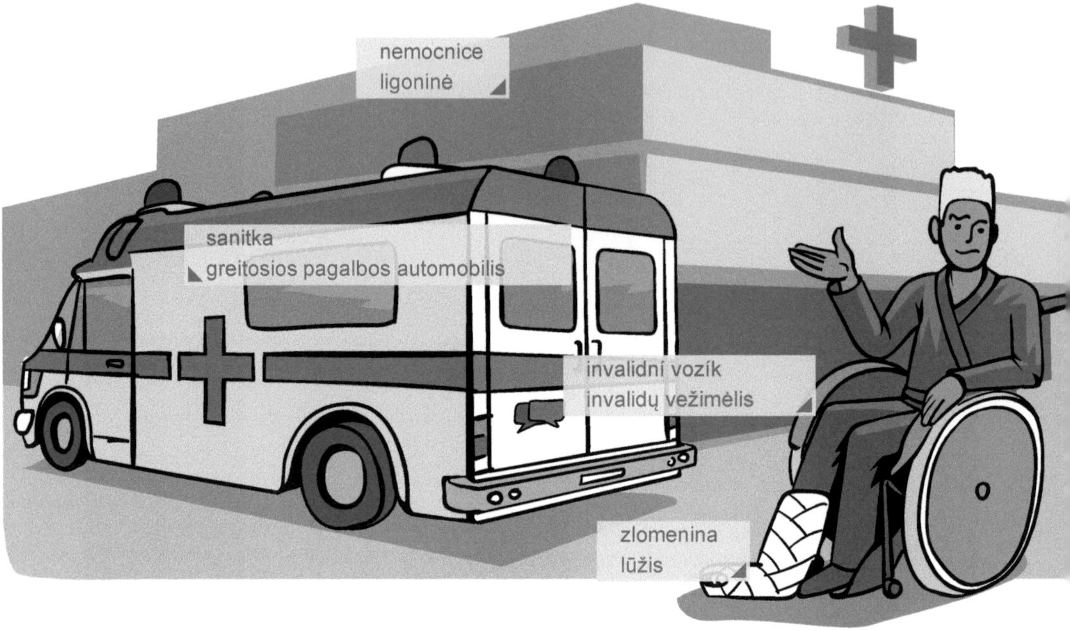

nemocnice
ligoninė
sanitka
greitosios pagalbos automobilis
invalidní vozík
invalidų vežimėlis
zlomenina
lūžis

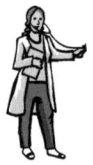

lékař

gydytojas

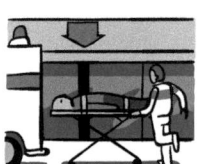

pohotovost

skubios pagalbos skyrius

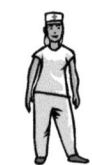

zdravotní sestra

slaugytoja

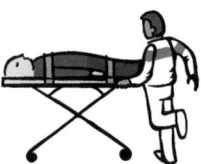

urgentní případ

nelaimingas atsitikimas

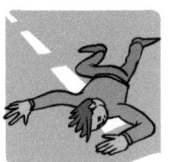

v bezvědomí

be sąmonės

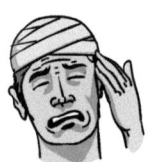

bolest

skausmas

úraz
sužalojimas

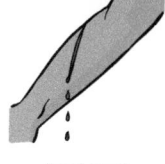

krvácení
kraujavimas

infarkt myokardu
širdies smūgis

cévní mozková příhoda
insultas

alergie
alergija

kašel
kosulys

horečka
karščiavimas

chřipka
gripas

průjem
viduriavimas

bolest hlavy
galvos skausmas

rakovina
vėžys

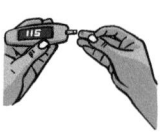

cukrovka
diabetas

chirurg
chirurgas

skalpel
skalpelis

operace
operacija

CT

KT

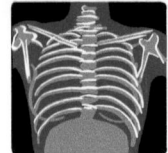

rentgen

rentgenas

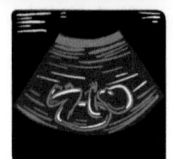

ultrazvuk

ultragarsas

maska

veido kaukė

nemoc

liga

čekárna

laukiamasis

berle

ramentas

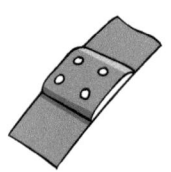

náplast

gipsas

obvaz

tvarstis

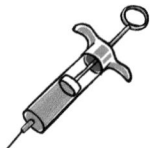

injekce

injekcija

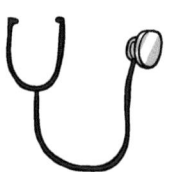

stetoskop

stetoskopas

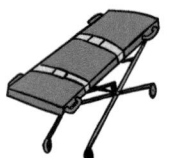

nosítka

neštuvai

teploměr

termometras

porod

gimimas

nadváha

antsvoris

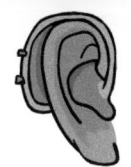

naslouchátko

klausos aparatas

dezinfekční prostředek

dezinfekavimo priemonė

infekce

infekcija

virus

virusas

HIV / AIDS

ŽIV / AIDS

lékařství

vaistas

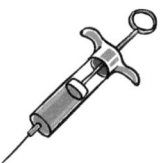

očkování

skiepijimas

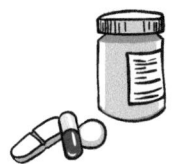

tablety

tabletės

pilulka

piliulė

tísňové volání

skubios pagalbos numeris

tonometr

kraujospūdžio matuoklis

nemocný / zdravý

ligotas / sveikas

Pomoc!

Padėkite!

poplach

pavojaus signalas

přepadení

užpuolimas

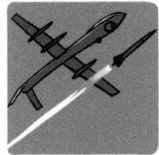

napadení

ataka

nebezpečí

pavojus

nouzový východ

avarinis išėjimas

Hoří!

Gaisras!

hasicí přístroj

gesintuvas

nehoda

nelaimingas atsitikimas

zdravotnická brašna

pirmosios pagalbos rinkinys

SOS

SOS

policie

policija

Evropa

Europa

Severní Amerika

Šiaurės Amerika

Jižní Amerika

Pietų Amerika

Afrika

Afrika

Asie

Azija

Austrálie

Australija

Atlantik

Atlanto vandenynas

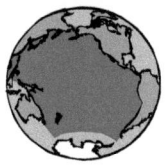

Pacifik

Ramusis vandenynas

Indický oceán

Indijos vandenynas

Jižní ledový oceán

Pietų vandenynas

Severní ledový oceán

Arkties vandenynas

severní pól

Šiaurės ašigalis

jižní pól

Pietų ašigalis

Antarktida

Antarktida

země

Žemė

pevnina

sausuma

moře

jūra

ostrov

sala

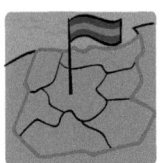

národ

tauta

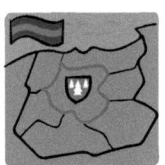

stát

valstybė

ciferník

ciferblatas

hodinová ručička

valandinė rodyklė

minutová ručička

minutinė rodyklė

vteřinová ručička

sekundinė rodyklė

Kolik je hodin?

Kiek valandų?

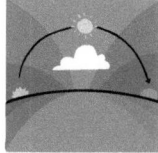

den

diena

čas

laikas

teď

dabar

digitální hodinky

skaitmeninis laikrodis

minuta

minutė

hodina

valanda

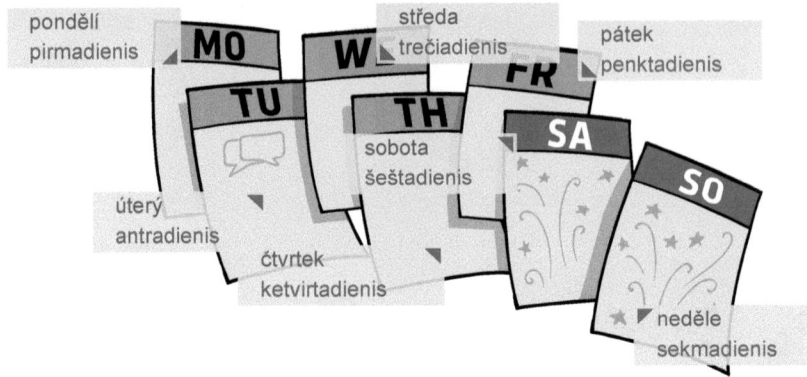

pondělí
pirmadienis

úterý
antradienis

středa
trečiadienis

čtvrtek
ketvirtadienis

pátek
penktadienis

sobota
šeštadienis

neděle
sekmadienis

včera

vakar

dnes

šiandien

zítra

rytoj

ráno

rytas

poledne

vidurdienis

večer

vakaras

MO	TU	WE	TH	FR	SA	SU
1	2	3	4	5	6	7
8	9	10	11	12	13	14
15	16	17	18	19	20	21
22	23	24	25	26	27	28
29	30	31	1	2	3	4

pracovní dny

darbo dienos

MO	TU	WE	TH	FR	SA	SU
1	2	3	4	5	6	7
8	9	10	11	12	13	14
15	16	17	18	19	20	21
22	23	24	25	26	27	28
29	30	31	1	2	3	4

víkend

savaitgalis

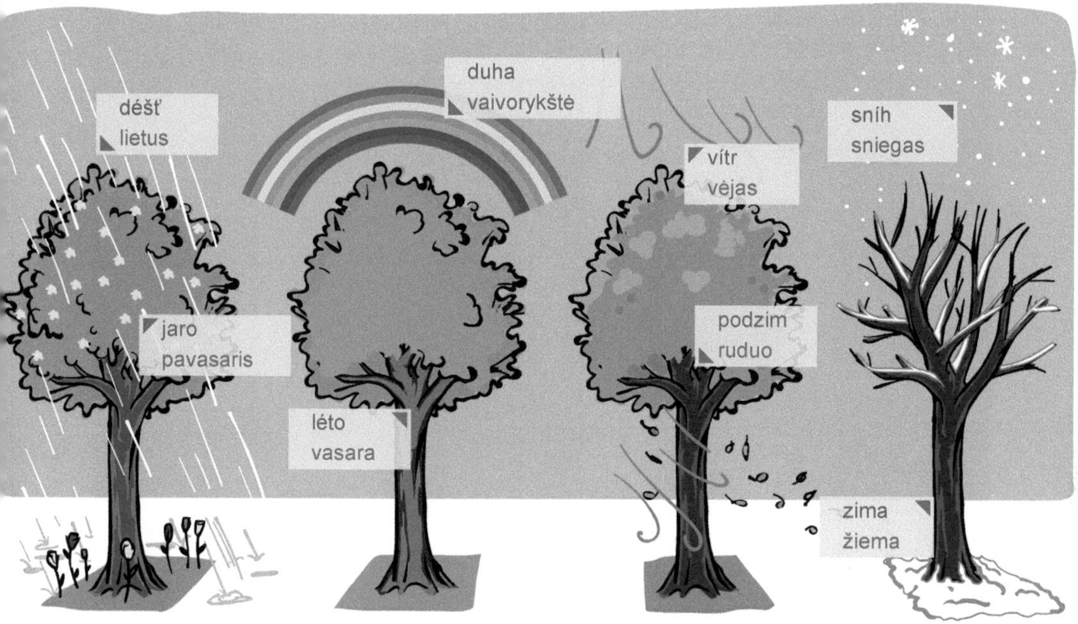

déšť
lietus
duha
vaivorykštė
vítr
vėjas
sníh
sniegas
jaro
pavasaris
podzim
ruduo
léto
vasara
zima
žiema

4.APRIL 11°
5.APRIL 4°
6.APRIL 13°
7.APRIL 8°
8.APRIL 10°

předpověď počasí

orų prognozė

F C
120 40
90 30
60 20
30 10
0 0
-30 -10
-20

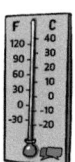

teploměr

lauko termometras

sluneční svit

saulės šviesa

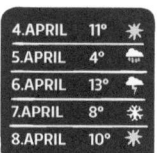

mrak

debesis

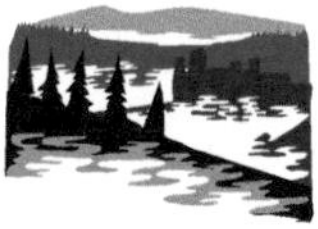

mlha

rūkas

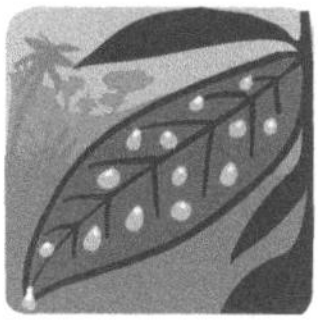

vlhkost

drėgmė

blesk

žaibas

hrom

griaustinis

bouřka

audra

kroupy

kruša

monzun

musonas

povodeň

potvynis

led

ledas

leden

sausis

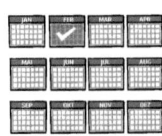

únor

vasaris

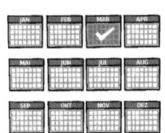

březen

kovas

duben

balandis

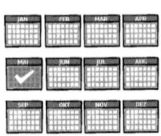

květen

gegužė

červen

birželis

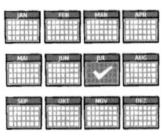

červenec

liepa

srpen

rugpjūtis

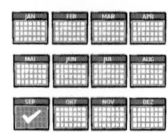

září
....
rugsėjis

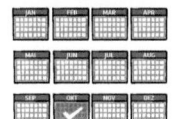

říjen
....
spalis

listopad
....
lapkritis

prosinec
....
gruodis

tvary
formos

kruh
....
apskritimas

čtverec
....
kvadratas

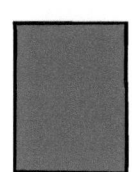

obdélník
....
stačiakampis

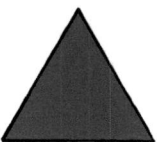

trojúhelník
....
trikampis

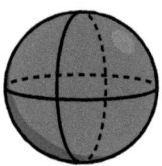

koule
....
sfera

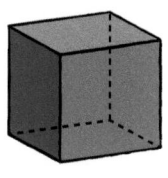

krychle
....
kubas

bílá
....
balta

žlutá
....
geltona

oranžová
....
oranžinė

růžová
....
rožinė

červená
....
raudona

fialová
....
violetinė

modrá
....
mėlyna

zelená
....
žalia

hnědá
....
ruda

šedá
....
pilka

černá
....
juoda

hodně / málo

daug / mažai

rozzuřený / mírumilovný

piktas / ramus

krásný / ošklivý

gražus / bjaurus

začátek / konec

pradžia / pabaiga

velký / malý

didelis / mažas

světlý / tmavý

šviesus / tamsus

bratr / sestra

brolis / sesuo

čistý / špinavý

švarus / purvinas

úplný / neúplný

užbaigtas / neužbaigtas

den / noc

diena / naktis

mrtvý / živý

miręs / gyvas

široký / úzký

platus / siauras

jedlý / nejedlý

valgomas / nevalgomas

zlý / hodný

piktas / malonus

vzrušený / znuděný

linksmas / nuobodus

tlustý / hubený

storas / plonas

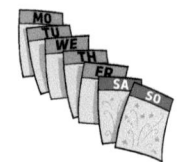

nejdříve / naposledy

pirmiausia / paskiausia

přítel / nepřítel

draugas / priešas

plný / prázdný

pilnas / tuščias

tvrdý / měkký

kietas / minkštas

těžký / lehký

sunkus / lengvas

hlad / žízeň

alkis / troškulys

nemocný / zdravý

ligotas / sveikas

ilegální / legální

nelegalus / legalus

inteligentní / hloupý

protingas / kvailas

vlevo / vpravo

kairė / dešinė

blízko / daleko

arti / toli

nový / použitý

naujas / naudotas

nic / něco

niekas / kažkas

starý / mladý

senas / jaunas

zapnutý / vypnutý

jjungta / išjungta

otevřeno / zavřeno

atidaryta / uždaryta

tichý / hlasitý

tylus / garsus

bohatý / chudý

turtingas / vargšas

správný / špatný

teisus / neteisus

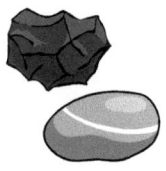

drsný / hladký

šiurkštus / švelnus

smutný / šťastný

liūdnas / laimingas

krátký / dlouhý

trumpas / ilgas

pomalý / rychlý

lėtas / greitas

vlhký / suchý

drėgnas / sausas

teplý / chladný

šiltas / šaltas

válka / mír

karas / taika

0

nula
....
nulis

1

jedna
....
vienas

2

dva
....
du

3

tři
....
trys

4

čtyři
....
keturi

5

pět
....
penki

6

šest
....
šeši

7

sedm
....
septyni

8

osm
....
aštuoni

9

devět
....
devyni

10

deset
....
dešimt

11

jedenáct
....
vienuolika

12

dvanáct

dvylika

13

třináct

trylika

14

čtrnáct

keturiolika

15

patnáct

penkiolika

16

šestnáct

šešiolika

17

sedmnáct

septyniolika

18

osmnáct

aštuoniolika

19

devatenáct

devyniolika

20

dvacet

dvidešimt

100

sto

šimtas

1.000

tisíc

tūkstantis

1.000.000

milion

milijonas

angličtina

anglų

americká angličtina

amerikiečių anglų

standardní čínština

kinų (mandarinų)

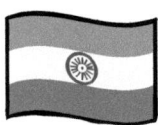

hindština

hindi

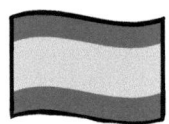

španělština

ispanų

francouzština

prancūzų

arabština

arabų

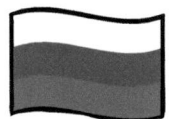

ruština

rusų

portugalština

portugalų

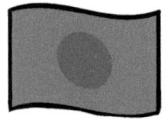

bengálština

bengalų

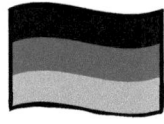

němčina

vokiečių

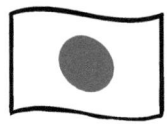

japonština

japonų

já
....
aš

ty
....
tu

on / ona / ono
....
jis / ji

my
....
mes

vy
....
jūs

oni
....
jie

Kdo?
....
kas?

Co?
....
ką?

Jak?
....
kaip?

Kde?
....
kur?

Kdy?
....
kada?

jméno
....
vardas

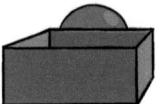

za
....
už

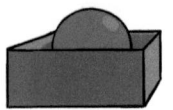

do
....
kur (vieta)

z
....
priešais

nad
....
virš

na
....
ant

mezi
....
po

vedle
....
prie

mezi
....
tarp

místo
....
vieta